Poemas Sobre Delfines Jueguetones

Juan Moisés de la Serna

Editorial Tektime

2019

Prólogo

Nadando por la corriente
un delfín se deslizaba
se encontró a una sardina
y corriendo la alcanzaba.

—¿A dónde vas sardinita?
—la pregunta el delfín.
—Solo me dejo arrastrar
—le contesta desde allí.

El delfín que es soñador
enseguida la decía
—Nos lleva al medio del mar
o a una playa vacía.

AMOR

Dedicado a mis padres

Contenido

1. Nadando por la corriente

Nadando por la corriente
un delfín se deslizaba
se encontró a una sardina
y corriendo la alcanzaba.

—¿A dónde vas sardinita?
—la pregunta el delfín.
—Solo me dejo arrastrar
—le contesta desde allí.

El delfín que es soñador
enseguida la decía
—Nos lleva al medio del mar
o a una playa vacía.

La sardina no contesta
pues responder no sabía
el delfín la dice serio
—A una playa vacía.

—¿Y eso? —ella pregunta
porque no lo entendía—,
¿y tú como sabes eso?
—Y el delfín la decía.

—Tirando por aquí vamos
y seguro llegaremos
si muy quietos nos estamos
y no nos desviaremos.

La sardina muy confusa
al delfín le preguntaba
—¿Pero qué me estás diciendo?
—Pues no entendía nada.

El delfín la está mirando
y se pone a reír
—En inglés te estoy hablando
—la ha contestado así.

—En inglés, ¿eso que es?
—la sardina preguntaba.
—¡Y yo que sé! —el delfín
riendo la contestaba.

»O seguro que es sueco
o puede ser alemán
es que muchas lenguas hablo
desde chico lo dirán.

La sardina se ha marchado
por qué no le entendía
él nadando se ha quedado
y soñando allí seguía.

AMOR

2. Tranquilamente mirando

Tranquilamente mirando
ella iba entretenida
cuando escuchó a lo lejos
una voz que conocía.

Enseguida a volar
la palomita echaba
y a encontrar a su amigo
deprisa se acercaba.

Porque nuestra amiguita
en el mar había escuchado
a alguien que la llamaba
y acudía a su lado.

Era la voz del delfín
la que le había llamado
estaba entrando a puerto
en una red enganchado.

La paloma vio enseguida
el peligro que había
piensa lo que puede hacer
y a quien se lo decía.

Por más que le daba vueltas
no encontraba solución
y el tiempo se pasaba
cuando se le ocurrió.

Buscaría a un amigo
ese que ella tenía
un anciano que la daba
de comer todos los días.

Volando hasta el balcón
la paloma ha llegado
y picotea el cristal
y el anciano se ha enterado.

¿Qué te pasa palomita?
no es hora de comer
le dice el ancianito
cuando la acaba de ver.

Ella sigue con el pico
no se quería parar
tiene que decirle algo
y se tiene que enterar.

Y como era muy lista
se ha hecho comprender
ha avisado al anciano
que rápido va a ver.

En el puerto que está cerca
el anciano está mirando
y ha visto al delfín
las penas que está pasando.

No se podía soltar
pues la red le retenía
el anciano con presteza
rápido lo arreglaría.

El barco es de su hijo
y enseguida él soltó
a aquel delfín chiquito
que nadando se marchó.

Y gracias a la paloma
que la forma encontró
de ayudar a su amigo
este feliz se sintió.

AMOR

3. Los acantilados llenos

Los acantilados llenos
esta mañana estaban
de foquitas aburridas
que por allí se encontraban.

Una pequeña foquita
quería juguetear
y corriendo se metió
de un salto en el mar.

Nadaba por esas aguas
buscando un jugador
alguien que quiera hacerlo
para encontrarse mejor.

De pronto vio a lo lejos
un pequeño pececillo
nadó corriendo al verlo
aunque no fue tan sencillo.

El pez que la había visto
se puso fuerte a nadar
pues comida no quería
ser allí en el ancho mar.

Sabía que si la foca
llegaba a donde él estaba
esta abriría la boca
y del pez nada quedaba.

La foquita agotada
de tanto nadar allí
se paró ya no quería
seguirle y llegó un delfín.

—Foquita te veo rara
y muy agotada vas
¿por qué has nadado tanto?
muy lejos de casa estas.

La foquita no había visto
en su vida a un delfín
pero le pareció bueno
para jugar por allí.

—¿Quieres tú jugar conmigo?
—rápido le preguntó—,
no tengo ningún amigo
y mucho me aburro yo.

El delfín dijo, —Encantado.
Se pusieron a jugar
el pececillo de lejos
no dejaba de mirar.

Un poco envidia tenía
porque él solito estaba
aburrido se sentía
pues él con nadie jugaba.

La foquita y el delfín
jugando se divertían
y el pececillo allí
mirando se aburría.

Desde lejos el delfín
al pececillo allí vio
—Vente a jugar con nosotros
—corriendo le indicó.

El pececillo con miedo
pues muy grandes eran los dos
se acercó un poquito
y esto les preguntó.

—Si juego yo con vosotros
me tenéis que prometer
que porque sea pequeño
no me vais luego a comer.

La foquita extrañada
se acercó al pececillo
y dijo —Yo no hago nada
no eres un bocadillo.

Y jugando, y jugando
se perdieron en el mar
una foca, un delfín
y un pececito allá.

No sabían dónde estaban
ni conocían el lugar
la corriente los llevaba
y fueron aquí a parar.

A esta playa tan bonita
donde los encontré yo
jugando con la foquita
con el delfín nadador.

El pececito contento
porque no estaba aburrido
ahora en el mar adentro
o en la playa han salido.

Así se pasan la vida
los amiguitos aquellos
su vida no es aburrida
porque mucho juegan ellos.

AMOR

4. En el fondo de los mares

En el fondo de los mares

habita un tiburón

que a todos los de allí

llama mucho la atención.

Nadando va lentamente

surcando el agua allí

si te lo encuentras de frente

siempre él dice así.

—Usted primero—. El paso

siempre él suele ceder

a la ballena o la foca

o al más pequeño pez.

Un día llegó un delfín

la actitud le extrañó

y él le dijo así

a ese raro tiburón.

—Tiburón, ¿por qué tú siempre

dejas al otro pasar

ya sea un pescado chico

o al más grande de la mar?

El tiburón que se para
dejando así de nadar
contestando al delfín
—Es que quiero agradar.

»No quiero que nadie diga
que no me porto yo bien
por eso les dejo paso
y no me importa a quien.

El delfín muy extrañado
preguntó al tiburón
—Pero ¿qué te ha pasado?
¿dónde tu fiereza quedó?

—Es que siempre estoy solo
nadie me quiere a su lado
voy a cambiar de actitud
pues de todo he probado.

»Yo quiero tener amigos
y también quiero jugar
como lo hacéis vosotros
y muchos en éste mar.

»Pero cuando yo me acerco
se van todos a nadar
muy deprisa se separan
de mí y no vuelven ya.

»Por eso yo he pensado
que tendría que cambiar
y de ésta forma así
algún amigo encontrar.

El delfín que le escuchaba
de pronto él se marchó
muy triste se quedaba
el tiburón que le vio.

Pero ha pasado un rato
y el delfín que volvió
con un grupo de delfines
y al tiburón le habló.

—Mira te traigo amigos
por si tú quieres jugar
ven a nadar con nosotros
ya sólo no vas a estar.

»Pero no nos hagas daño
pues sólo te quedarás
si te comportas tú bien
muchos amigos tendrás.

El tiburón comprendió
lo bueno de la amistad
y lo bien que se pasaba
jugando en el ancho mar.

Ya nunca atacó a nadie
muchos amigos tenía
y siempre cuando le pasan
el paso él que cedía.

AMOR

5. Había en un delfinario

Había en un delfinario
muchos delfines nadando
cuando yo me senté
uno se fue acercando.

Despacio lo fue haciendo
hasta que allí se quedó
muy quieto frente a mí
y me miró y me miró.

Muy grande era el
muchas heridas tenía
en las aletas delante
y en la de atrás había.

Pero estaba muy quieto
allí mirando de frente
me puse a contemplarle
le veía diferente.

La tristeza de sus ojos
al momento contemplé
al delfín le pasa algo
al instante yo pensé.

—Delfín ¿por qué estas triste?
—fue lo que le pregunté
mi sorpresa fue enorme
pues al delfín escuché.

—Tú la que me has hablado
he de decirte una cosa
di a quien nos ha apresado
que esta cárcel no es hermosa.

»Nos robó la libertad
que es el bien más preciado
que nadie puede tener
aquí nos la han quitado.

»No podemos nadar libres
así no se puede estar
que nos suelten, díselo
por favor díselo, ya.

El delfín seguía mirando
con esos ojitos tristes
no se quería mover
yo de pronto a él le dije.

—Delfín aquí yo he visto
que tenéis bien de comer
no os atacarán otros
ni tormenta puede haber.

El me contestó esto
que aquí voy a poner
para que también lo leas
y tú lo puedas saber.

—La libertad es un don
que a todos nos han dado
ya vivamos en el mar
o allí en un lindo prado.

»Podemos movernos libres
y libres también vivir
y no estar encerrados
donde podemos morir.

»En una jaula o pecera
así no se puede estar
hay que volar en el aire
o nadando en el mar.

»O corriendo por la tierra
así sí será feliz
pero nunca prisionero
se puede vivir así.

El delfín se marchó triste
no le di la solución
no supe cómo ayudarle
pensaré esa cuestión.

AMOR

6. Un barco que paseaba

Un barco que paseaba

navegando por allí

algo un día se encontraba

yo te lo cuento aquí.

Está cayendo el sol

es tarde primaveral

tranquilamente contemplan

los pasajeros el mar.

Las aguas están tranquilas

en calma todo parece

cuando de pronto allí algo

salta y desaparece.

Todos quedan sorprendidos

pero lo han visto

sí, nadie sabe lo que ha sido

y nada ven por allí.

De nuevo algo ha saltado

sólo un niño se fijó

—Es un delfín muy bonito

—el pequeñuelo gritó.

En calma están las aguas
nada hace sospechar
lo que pasa al instante
que también quiero contar.

Un delfín surge del fondo
mil piruetas realizó
la gente que lo contempla
asombrada se quedó.

Poco a poco se acerca
el delfín al barco aquel
el niño que lo ha visto
quiere ir a nadar con él.

El padre con gran prudencia
al hijo se lo impidió
el delfín sigue jugando
y esto el niño pensó.

Cogió corriendo un objeto
al delfín se lo lanzó
este no se quedó quieto
de un golpe lo devolvió.

Todos quedan extrañados
la proeza del delfín
les dejó muy asombrados
se oye decir así.

—Papá yo quiero que él
se venga a nuestra casa
para jugar yo con él
mira que bien se lo pasa.

El delfín seguía mirando
como el barco navegaba
él al lado iba nadando
y muchos saltos que daba.

La pelota otra vez
aquel niño le lanzó
y como ya había hecho
el delfín la devolvió.

Así pasaron el tiempo
el sol ya se ocultó
el delfín dio un gran salto
y ya nunca más se vio.

El niño queda muy triste
su amigo se le marchó
pero le queda un consuelo
un delfín con él jugó.

AMOR

7. En un barquito velero

En un barquito velero
que cruzaba la bahía
una mañana de enero
por allí esto ocurría.

Era un día bonito
pues hacía mucho sol
la familia navegaba
a alta mar se dirigió.

Cantando sobre cubierta
iban alegres allí
la niña que es más despierta
le divisa viene allí.

—Un delfín, mirar qué bello
se dirige a nosotros—.
Cuando allí miran ellos
ven que vienen también otros.

En el barco la familia
se pone allí a mirar
el papá les dice entonces
—Les vamos a estudiar.

La mamá que es más prudente
a los hijos advirtió
—Andad con mucho cuidado
que estoy vigilando yo.

El travieso se sonríe
conoce a la mamá
pero cuando se distraiga
algo se le ocurrirá.

El mayor que es más serio
las intenciones le vio
y le dice despacito
—También te vigilo yo.

La niña que es la pequeña
se acerca a su papá
—¿No les harás ningún daño?
—No, sólo quiero estudiar.

Así le ha contestado
muy serio el papá
mientras se pone al lado
para mejor divisar.

Los delfines han llegado
rodean la embarcación
se les ve que están nerviosos
se plantean una cuestión.

—¿Qué les pasa los delfines?
esa no es su reacción
parecen que algo dicen
quieren llamar la atención.

La niña dice de pronto
—Papá, que hay un peligro
me lo ha dicho un delfín
y que sólo yo me libro.

El papá muy extrañado
a los delfines miró
parecía que hablaban
ahora también escuchó.

—Da la vuelta al instante
no pierdas tiempo al pensar
hay un peligro delante
te puede hacer naufragar.

El padre está sorprendido
pero pronto reaccionó
con el timón da la vuelta
y todo el barco viró.

El aire llena las velas
y el barquito velero
vuelve pronto a la bahía
como nunca de ligero.

Los delfines que les siguen
parecen ya más tranquilos
y al llegar se despiden
sobre proa están los niños.

La mamá dice entonces
algo que ha escuchado
que mucho le ha sorprendido
pero que no ha dudado.

—La mamá delfín me ha dicho
que teníamos que volver
que una ola tremenda
nos podría allí coger.

Cuando lo estaba diciendo
el padre se asustó
—Venid aquí corriendo—.
A todos los abrazó.

Desde donde él estaba
de lejos la divisó
una ola se acercaba
que la escochera saltó.

La ola en la bahía
todos los barcos movió
la gran fuerza que traía
en el puerto descargó.

La familia está a salvo
aunque el barco destrozó
pues el impulso del agua
contra la tierra estrelló.

Fue gracias a los delfines
que allí les avisaron
y regresaron a puerto
donde todos se salvaron.
AMOR

8. Una foca muy blanquita

Una foca muy blanquita
un día allí nació
toda ella era distinta
junto a todas se crió.

Corría todos los días
a comer iba al mar
como era tan blanquita
siempre lo pasaba mal.

Las otras con ella estaban
no la dejaban en paz
hasta que ella se hartaba
y se volvía a marchar.

Un día se despistó
andando se alejaba
cuando un delfín la vio
corriendo la preguntaba.

—Foquita, ¿a dónde vas?
de tu casa estas lejos
tienes ya que regresar
pues el mar hace reflejos.

»Seguro que estás perdida
y no sabes regresar
te indicaré el camino
que tú debes de tomar.

La foquita que le escucha
pronto ella le dirá
—A casa no quiero ir
pues todos se burlarán.

—¿Por qué si eres muy linda?
—le pregunta el delfín—,
ninguna es como tú
nunca yo vi una así.

La foquita que le escucha
muy contenta contestó
—¿Tú me has llamado linda
crees que así soy yo?

El delfín en ese instante
a la foca hizo feliz
se veía diferente
por eso viva así.

Desde el día en que supo
que linda le pareció
se comportó de otra forma
y con las otras jugó.

Blanquita seguía siendo
pero ya no le importaba
salía a pasear
y con las otras jugaba.

Cuando alguna se burlaba
del color de su piel
ella siempre recordaba
lo que le dijo un día el.

Y a las otras contestaba
—También blanca es la nieve—.
Así las demás pensaban
es razón que ella tiene.

Y seguían todas juntas
jugando allí sin parar
y volvían a decirla
—Muy blanquita estas ya.

Ella con risa nerviosa
les volvía a contestar
—Porque tengo bien cuidado
no me vaya a manchar.

Así se pasaba el tiempo
jugando allí sin parar
jugando con sus amigas
que ya no se burlan más.

Pero nunca olvidaría
lo que la dijo el delfín
que un día encontraría
—Linda eres para mí.

Esas palabras tan bellas
que un día escuchó
la ayudaron a aceptar
el color con que nació.

Cada uno es distinto
no todos somos igual
tenemos que aceptarlo
y felices actuar.
AMOR

9. Por la tarde en la playa

Por la tarde en la playa
poco a poco me metí
fresquita estaba el agua
yo me le encontré allí.

Junto a mi mano estaba
no se quería marchar
por más que le asustaba
no me dejaba nadar.

Algo debía querer
con tanta insistencia
le tenía que entender
eso es real y no ciencia.

Si a mí se me ha acercado
y no me deja nadar
no se mueve de mi lado
algo debe demandar.

Le miré atentamente
es precioso de verdad
me puse allí de frente
queriéndole interrogar.

Con su escama plateada
y no deja de nadar
se mueve allí a mi lado
y va de acá para allá.

Por fin ya algo cansada
le dije —¡Márchate ya!
Cuando escucho asombrada
—Contigo quiero jugar.

Casi me ahogo del susto
pues para atrás me caí
nunca había yo visto
lo que en ese pez le vi.

Como le estaba mirando
esto a él le veía
cuando me estaba hablando
por la boca sonreía.

No lo sé explicar bien
pero eso a él le vi
se encontraba muy contento
de estar junto a mí.

Me dijo, —Juega conmigo
anda que quiero jugar
y estoy muy aburrido
nadie me quiere escuchar.

Yo entonces más tranquila
creo que esto contesté
—Es que no es muy normal
que se le escuche a un pez.

Él que sí que me entendió
contestó rápidamente
—¿Por qué lo has hecho tú?
si yo le hablo a la gente.

»Todos podemos hacerlo
sólo hay que atender
y así escuchareis
lo que se tiene que hacer.

Yo escuchar si escuchaba
pero bien no entendía
porque un pez me hablaba
en esa playa vacía.

Por qué miraba a la arena
para ver si alguien había
y si esto era broma
que alguien allí me hacía.

Nadie vi por el entorno
la arena está solitaria
en el agua solo yo
bueno y un pez que me habla.

Le digo ya más segura
—Dime, ¿qué quieres que haga?
El poniéndose en mi mano
dice —Sígueme al fondo del agua.

Seguro que no he escuchado
lo que me quiere decir
—¿Yo seguirte hasta el fondo?
no lo podré conseguir.

Le digo —No sé nadar
y menos meterme al fondo
seguro me voy a ahogar
porqué eso es muy hondo.

El pececillo entonces
fijamente me miró
y me dijo —Yo te llevo
allí donde vivo yo.

No sé ni cómo lo hice
pero de pronto me vi
nadando por lo profundo
hasta que llegué allí.

Cerca del acantilado
miles de peces había
caracolas y corales
y caballitos venían.

Salían a nuestro encuentro
todos estaban alegres
el pez les iba diciendo
que yo venía a verles.

Estuvimos dando vueltas
aquello es maravilloso
tanta vida bajo el agua
es grandioso es hermoso.

Un delfín vino de pronto

y hasta mí se acercó

me dijo —Tú eres humana—.

Y eso me sorprendió.

—Ven, que quiero que algo sepas

pero lo tienes que ver.

Yo nadaba a su lado

y a mi lado mi pez.

Llegamos a una cueva

allí en lo más profundo

donde algo encontré

me descubrió otro mundo.

Había luz natural

o eso me pareció

pero dejé de nadar

el delfín me lo pidió.

Salí andando a la arena

el pececillo esperó

allí había más gente

que no conocía yo.

Me vinieron a mirar
extrañados todos ellos
cómo yo pude llegar
eso preguntaron ellos.

Era gente como yo
pero no les entendía
seguro les escuchaba
su boca no se movía.

Uno alto y más fuerte
con un gesto me indicó
que pensara solamente
y parece que acertó.

Pregunté sólo pensando
—¿Quién sois?, ¿qué hago aquí?—.
Y siento en el pensamiento
—Es tu hora de venir.

—¿Qué queréis?, ¿qué significa?
—asustada pregunté.
—Tenías que conocernos
—eso me contestó él.

—Vivimos bajo el mar
pero como puedes ver
nosotros no somos peces
lo tenías que saber.

»Queremos que tú lo digas
a ti te escucharán
que no destrocen los mares
mucha vida quitarán.

»Todos somos de la Tierra
y tenemos que cuidar
que la vida continúe
para ello hay que ayudar.

»Dilo a los cuatro vientos
así se enterarán
el mar les da alimento
no lo pueden destrozar.

Terminado de escucharle
el delfín me indicó
que es mi hora de partir
ese momento llegó.

Me despedí de las gentes
los muchos que allí había
y no eran diferentes
yo muy bien que los veía.

Nadando hacia la playa
el delfín me explicó
que hay lugares así
y luego se despidió.

Un pececillo plateado
insistente y decidido
me había enseñado
un mundo desconocido.

AMOR

10. Una mañana un verano

Una mañana un verano
en la playa se encontró
varado allí estaba
algo al delfín le pasó.

Por la noche gran tormenta
los truenos muchos se oían
las olas llegan con fuerza
antes de que salga el día.

Era un delfín pequeño
que muy cerca se encontraba
y una ola traicionera
a la arena le arrastraba.

Él no podía moverse
allí muy quieto estaba
cuando saliera el sol
seguro que le mataba.

La piel poco a poco seca
el sol se la dejaría
y él varado en la playa
allí que se moriría.

Esto estaba pensando
cuando decidió chillar
a ver si alguien le escucha
y le viene a ayudar.

Un niño está en su cama
aún no se ha levantado
pues hoy no hay colegio
pero algo ha escuchado.

Corriendo va a la ventana
desde allí se ve el mar
también divisa la playa
así le va a encontrar.

Allí varado en la arena
descubre a un delfín
que se lamenta de pena
y se le oye a él decir.

—Delfín, estate tranquilo
que te vamos a ayudar
ahora estoy contigo
pronto estarás en el mar.

De dos en dos la escalera
le ve su mamá bajar
—Cuidado vas a caerte
—la escucha pronunciar.

—Mamá, he visto un delfín
le tenemos que ayudar
está varado en la playa
donde no le llega el mar.

La mamá corre enseguida
el teléfono cogió
y llamando al marido
de la casa que salió.

Los dos al ver al delfín
con un cubo que han traído
le mojan rápidamente
el delfín ha sonreído.

Luego los otros que llegan
al delfín transportarán
hasta dentro de las olas
y así les salvarán.

El delfín ya nada libre
y nunca olvidará
que un día en la arena
un susto se llevará.

El niño se hace hombre
y él investigará
por qué un día el delfín
en la tierra varará.

Descubre que las tormentas
que el agua moverán
despistan a los delfines
que no saben dónde van.

Y se decide a ayudarlos
mucho tiempo pensará
un día descubre algo
que en práctica pondrá.

Va recorriendo los mares
diciendo a los delfines
—Cuando escuchéis el trueno
coger a los pequeñines.

»Iros a aguas profundas
que lejos de tierra están
donde no existe peligro
así muchos salvarán.

Los delfines lo escuchan
y saben que es así
si quieren salvar la vida
de tierra tienen que huir.

Ese niño que un día
escuchó aquel delfín
salvó así muchas vidas
les ayudó hasta el fin.

AMOR

11. Una mañana temprano

Una mañana temprano

estaban jugando al sol

unos delfines pequeños

y algo a ellos les pasó.

Los rayitos en el agua

se reflejaban muy bien

los delfines los saltaba

así jugaban también.

Pero de pronto a uno

algo le vino a pasar

un plástico que había

se le fue a enredar.

En el hocico enganchado

el delfín se encontró

que estaba atrapado

y mucho miedo le dio.

No podía respirar

el aire se le acababa

algo tenía que hacer

pues muy nervioso estaba.

El otro se fue corriendo
él muy solo se quedó
ahora que está sufriendo
mucha penita sintió.

Nadando a la deriva
nuestro delfín se encontraba
no podía ya moverse
la vida se le escapaba.

De pronto allí a lo lejos
un barco se acercó
venía él muy deprisa
hasta el delfín llegó.

El amigo que se ha ido
ese barco divisó
y dando saltos muy altos
de esa forma avisó.

Los marineros al verle
enseguida comprendieron
que algo allí pasaba
y le siguieron ligero.

Han llegado a su lado
uno se lanza al mar
el plástico le ha quitado
por fin puede respirar.

Los delfines muy contentos
saltan de nuevo en el mar
ellos pueden nadar libres
y gracias les van a dar.

Los marineros han visto
el peligro que había
y cuando vuelven a puerto
a todos se les decía.

—No tiréis nada al agua
que así podéis matar
la vida maravillosa
que hay en el ancho mar.

AMOR

12. Una bella mañana

Una bella mañana
en una playa estaba
un delfín sobre la arena
varado allí se encontraba.

Una gran tormenta hubo
por allí la noche aquella
todo estaba muy oscuro
y no había ni una estrella.

Una ola traicionera
a la arena le sacó
y allí de cualquier manera
al delfín depositó.

Él aún era chiquito
y no sabía qué hacer
llamaba a su mamá
no se hacía entender.

Pues como agua no tiene
la voz casi no salía
y la mamá desde lejos
al delfín no le oía.

El sol está apareciendo
poquito a poco vendrá
recorre el firmamento
y la playa alumbrará.

Aunque era pequeñito
recuerda que su mamá
le decía —No te expongas
pues el sol te quemará.

Ahora quiere moverse
y volver a entrar al mar
pero en la arena que hay
no se puede arrastrar.

Él se mueve impaciente
pero más se varará
ahora viene la gente
esa que le ayudará.

A la playa a diario
va la gente a disfrutar
a jugar sobre la arena
y a bañarse en el mar.

Hoy distinta está la playa
encuentran allí un delfín
corren todos a mirarle
no le quieren ver morir.

Un hombre, el más anciano
con decisión indicó
—Ayudemos al delfín
—Y hasta el pequeño ayudó.

Niños, jóvenes, mayores
todos ayudan allí
con un esfuerzo conjunto
levantan aquel delfín.

Con cuidado le acercan
hasta entrarle en el mar
allí le sueltan despacio
y alegres le ven nadar.

El delfín está contento
aquí metido en el mar
da unos saltos allí dentro
y luego se marchará.

Nadando ligero quiere
encontrar a su mamá
y contarle que ha estado
un rato fuera del mar.

Donde no había agua
donde no podía nadar
donde no la escuchaba
donde al sol veía llegar.

Pero un grupo de amigos
le vino a ayudar
con un esfuerzo conjunto
le metieron en el mar.

En éste mar que enfadado
a la arena le sacó
él que no había hecho nada
mucho susto se llevó.

Todo esto le contaba
el delfín a su mamá
junto a ella nadaba
tranquilito por el mar.

Ella muy junto a él

ya nunca se separó

no quería otra vez

perderle pues le encontró.

Muchos años el delfín

aún dicen que vivió

y contaba a los otros

la aventura que pasó.

Una noche de tormenta

a la arena le sacó

una ola traicionera

y solito le dejó.

La arena está muy seca

allí no pudo nadar

y ni siquiera hacer nada

ni moverse ni saltar.

Que le salvaron de pronto

amigos que allí vivía

le metieron en el agua

y nunca lo olvidaría.

Así enseñaba a otros
a no acercarse a la arena
a cuidar cuando hay tormenta
pues produce mucha pena.

Y todo el que le escuchaba
sabía que fue así
que un día se varaba
y por fin pudo salir.

AMOR

13. Por el río él bajaba

Por el río él bajaba

nadando de lado a lado

el patito navegaba

siempre eso le ha gustado.

Una tarde iba tranquilo

dejándose arrastrar

por el agua de su río

esa que llega hasta el mar.

Se ha quedado dormido

no se entera dónde va

mucho tiempo ha trascurrido

y algo le va a pasar.

Una ola traicionera

al patito despertó

era la ola primera

de ese mar que a él llegó.

Dormidito como estaba

el tiempo se le pasó

aunque él no notó nada

dentro del mar se metió.

La corriente que le lleva
terminaba en el mar
allí ahora se encuentra
y él se quiere salvar.

La mar es grande profunda
antes no la conocía
ahora que está aquí
se le está acabando el día.

Nada ve por ningún sitio
no conoce el lugar
el patito está triste
tiene ganas de llorar.

Sólo se encuentra flotando
nadie ve alrededor
la noche está llegando
y eso le da temor.

En aguas desconocidas
ahora tiene que nadar
y del mar no hay salida
se tendrá que orientar.

Al cielo mira en silencio
allí en lo alto vio
la luna como brillaba
la tristeza le quitó.

La luz que ha visto en ella
mucha alegría le dio
pues ésta luna tan bella
todo el mar alumbró.

Ve allí unos delfines
a ellos se acercará
como son tan saltarines
a su lado jugarán.

Un delfín el más pequeño
al patito divisó
y nadando muy deprisa
hasta su lado llegó.

—¿Qué haces por estas aguas?
no te conocía yo
si quieres juega conmigo
—pronto el delfín indicó.

El patito muy bajito
al delfín le respondió
—Es que me quedé dormido
y el río me transportó.

—No tengas miedo amigo
vente conmigo a jugar
yo te llevaré al río
que es donde tienes que estar.

Con el delfín el patito
pronto se puso a jugar
y saltito a saltito
llegaron hasta el lugar.

El río han remontado
ya reconoce el lugar
su sitio ha encontrado
allí se va a quedar.

Da gracias a su amigo
aquel que le ayudó
y cuando estaba solito
jugando le acompañó.

El patito en su casa

de nuevo se encontró

nunca se duerme en el río

ya sabe lo que pasó.

AMOR

14. Dos mosquitos hay de frente

Dos mosquitos hay de frente
moviéndose en armonía
uno sube, otro baja
luego al revés lo hacían.

Despacio marcan un ritmo
y volando allí están
la luna hoy brilla mucho
ellos bailan sin parar.

Los mosquitos bailarines
se mueven con un compás
que marcan unos delfines
que muy cerquita están.

Sobre el agua van nadando
entonando una canción
con un ritmo tan bonito
que a los mosquitos gustó.

Los delfines se han fijado
que ellos bailan muy bien
y continúan cantando
y bien lo hacen también.

Un delfín el más chiquito
a los mosquitos miró
y saltando el muy alto
del agua casi salió.

La mamá que le ha visto
dice —No puedes volar—.
Y el delfín pequeñito
pronto la va a preguntar.

—Ellos son muy chiquitines
y sí que pueden volar
¿por qué yo que soy tan grande
no los puedo alcanzar?

La mamá delfín le explica
que todos no son igual
que unos surcan los cielos
y otros nadan en el mar.

El delfín sigue mirando
a los mosquitos bailar
y él dice protestando
—Quiero con ellos estar.

—Tú no tienes dos alitas
con las que poder volar
—le contesta con paciencia
allí al delfín su mamá.

Mientras estaba escuchando
lo que le decía mamá
el delfín que es ingenioso
no hacía más que pensar.

Él quería bailar mucho
como hacían los mosquitos
por eso en ese instante
comenzó a dar saltitos.

Se metía en el agua
y volvía a salir
hacía una pirueta
y se volvía a sumergir.

Los delfines le miraban
y mucho que les gustó
y entonces todos ellos
ese ritmo se siguió.

Bailando a esa luna
que brillaba en lo alto
los mosquitos la bailaban
y los delfines dan saltos.

Todos están muy contentos
y siempre repetirán
el baile de los mosquitos
y mucho ensayarán.

Los delfines saltan mucho
pues quieren así llegar
hasta donde los mosquitos
a la luna bailarán.

Y cuando sale la luna
esa que muy grande está
los mosquitos y delfines
se reúnen a bailar.

AMOR

15. Una noche de tormenta

Una noche de tormenta
él del agua se salió
el cielo estaba bello
y mucho que le gustó.

Los rayos iluminaban
un buen rato la bahía
el delfín allí miraba
y mucha gracia le hacía.

Poco a poco muy oscuro
todo el entorno quedó
y esa noche gran tormenta
sobre el mar que cayó.

El agua quiere el delfín
en el mar para nadar
pero cuando cae del cielo
él no se quiere mojar.

Nadando se va muy lejos
al otro extremo del mar
allí donde no hay tormenta
y bien se puede estar.

El sol ya está saliendo
empieza a amanecer
poco a poco se va viendo
entonces se fija él.

Cuando llegó era oscuro
y no se pudo fijar
donde se había acercado
allí al lado del mar.

En tierra firme estaban
las tortugas acostadas
sobre la arena tumbadas
se encuentran diseminadas.

El delfín nunca ha visto
tantas como aquí hay
él se pone muy alegre
ve todas las que hay allí.

Nadando con gran cuidado
desde el agua las miraba
no quería molestarlas
pero esto le pasaba.

—¡Achis!, ¡Achis!
—el delfín, de pronto estornudó
fue por que en la tormenta
todo el cuerpo se mojó.

Las tortugas al oírlo
se pusieron a correr
no sabían de quien era
pero siempre es de temer.

Antes de mirar al sitio
donde viene el estornudo
se han puesto de camino
ha veces este es muy duro.

Con su casita acuestas
hasta el agua llegaron
y nadando muy deprisa
al delfín se encontraron.

—Perdonarme por favor
no quería molestar
—el delfín así decía
a las que acaban de llegar.

Como no le conocían
no querían responder
y nadando a su lado
pasan una, dos y tres.

El delfín muy extrañado
las preguntó la razón
de que pasen por su lado
y ninguna contestó.

Siguen nadando en silencio
él sigue sin saber por qué
pasa una la más vieja
él lo pregunta otra vez.

—¿Por qué no queréis hablarme
si yo no os he hecho nada?
—la tortuga al escucharle
le contesta enfadada.

—Tú estas muy constipado
y nos quieres contagiar
¿Es que nunca has pensado
lo que nos puede pasar?

»Al estornudar tenemos
un problema singular
la casa se nos viene encima
sin poderlo remediar.

»Por eso siempre cuidamos
procuramos no coger
ni un simple constipado
que nos obligue a toser.

El delfín que la escuchaba
pensativo se quedó
y no la contestó nada
pero si la comprendió.

El caparazón es grande
y mucho debe pesar
si se desplaza adelante
le tendrán que ajustar.

Así pensando el problema
dio con una solución.
nadó deprisa el delfín
pero no las encontró.

Las tortugas se han metido

en la corriente que había

que las arrastra a su casa

allí donde existían.

El delfín no sabe el sitio

nunca las encontrará

así si está constipado

él no las contagiará.

AMOR

16. El sol se estaba poniendo

El sol se estaba poniendo

en el agua reflejaba

la estela que va haciendo

ahora que se marchaba.

El cielo está rojizo

bonitas puestas de sol

en el agua unos delfines

se despiden de ese sol.

Con un baile entre ellos

nadie les dirigirá

saltan, suben, se sumergen

y de nuevo empezarán.

Los hay grandes y pequeños

todos bailando están

en el reflejo brillante

que el sol hace en el mar.

Se retira despacito

se despide ya no está

se fue por el horizonte

pero mañana vendrán.

Los delfines aún bailando
se les puede allí ver
en el agua que oscura
se empieza a poner.

El reflejo que había
poco a poco se quitó
se fue siguiendo al sol
cuando este se marchó.

Los delfines ya han dejado
despacito de bailar
uno a uno se ha marchado
nadando por este mar.

Se han ido hasta mañana
que volverán a bailar
un baile de despedida
aquí en el ancho mar.

Porque ellos son alegres
y les gusta disfrutar
de esas puestas de sol
que invitan a bailar.

Cuando el sol se va de aquí
y ya se empieza a quitar
cuando ya no da calor
cuando rojizo está.

Ese cielo que era azul
todo en rojo se cambió
para despedir al sol
cuando éste se marchó.

Los delfines con su baile
también le quieren decir
—Hasta mañana, descansa
yo te esperaré aquí.

El sol que les ha escuchado
un rayito mandará
para decirles adiós
y mañana volverá.

AMOR

17. Nadando allí en el fondo

Nadando allí en el fondo

una merluza estaba

pero hoy era distinta

se encontraba enfadada.

Mal ha pasado la noche

y no pudo bien dormir

por eso rara se encuentra

así la ve él venir.

—Doña merluza, ¿qué pasa?

—la preguntó el delfín

ella mira y no contesta

y sigue nadando allí.

El delfín muy extrañado

otra vez preguntará

—Doña merluza, ¿me escucha?

—muy fuerte se lo dirá.

La merluza que no es sorda

de nadar se ha parado

se enfrenta al delfín

y los dientes ha enseñado.

—¿Te he molestado yo?
—de mal genio lo dirá
le mira muy fijamente
y después se marchará.

Pensativo se ha quedado
y muy quieto el delfín
pero rápido ha nadado
y la vuelve a decir.

—Solo quería ser tu amigo
no pretendía molestar
—media vuelta se ha dado
y se dispone a marchar.

La merluza se da cuenta
de que dice la verdad
ella le pide perdón
y amigos ya serán.

AMOR

18. En el mar están nadando

En el mar están nadando

jugando van por allí

un grupo grande de ellos

se divierte mucho sí.

Pero uno es distinto

algo le pasó a él

un ojo está cerrado

y con él no puede ver.

De nacimiento lo tiene

siempre lo tuvo así

por eso él cuando nada

se le nota mucho allí.

Él siempre va en la esquina

para a los otros mirar

eso lo ve una sardina

y se acerca a preguntar.

—Delfín, ¿a ti qué te pasa?

—la sardina preguntó.

El delfín que no la ha visto

un susto grande se dio.

Ha venido por el sitio
por donde él no veía
y le coge de sorpresa
y el susto le daría.

Mira al lugar extrañado
y a la sardina ve
está allí a su lado
y esto la responde él.

—Avisa cuando te acerques
así no me asustaré
hasta he podido morderte
del susto que me llevé.

—Perdona yo no quería
asustarte sólo vi
que muy raro te movías
por eso me acerqué a ti.

La sardina es chiquita
al lado de ese delfín
pero ella es muy bonita
eso la dice él allí.

—Bonita ves con cuidado
cuando nades por ahí
vaya susto que me has dado
te lo vuelvo a repetir.

—¿Bonita me has llamado?
¿y eso cómo lo sabes?
si no ves por este lado
lo que me parece grave.

—Es cierto lo que me dices
por ese ojo no veo
pero con éste muy bien
todo el entorno oteo.

El delfín mueve deprisa
la cabeza al nadar
y una vuelta con ella
él se acaba de dar.

La sardinita asombrada
mira su agilidad
esa que ha adquirido
para vivir en el mar.

—Veo que eres muy listo
y te defiendes muy bien
yo quiero ser tu amiga
jugar contigo también.

La sardina y el delfín
van nadando en el mar
el agua no tiene fin
mucho se divertirán.

AMOR